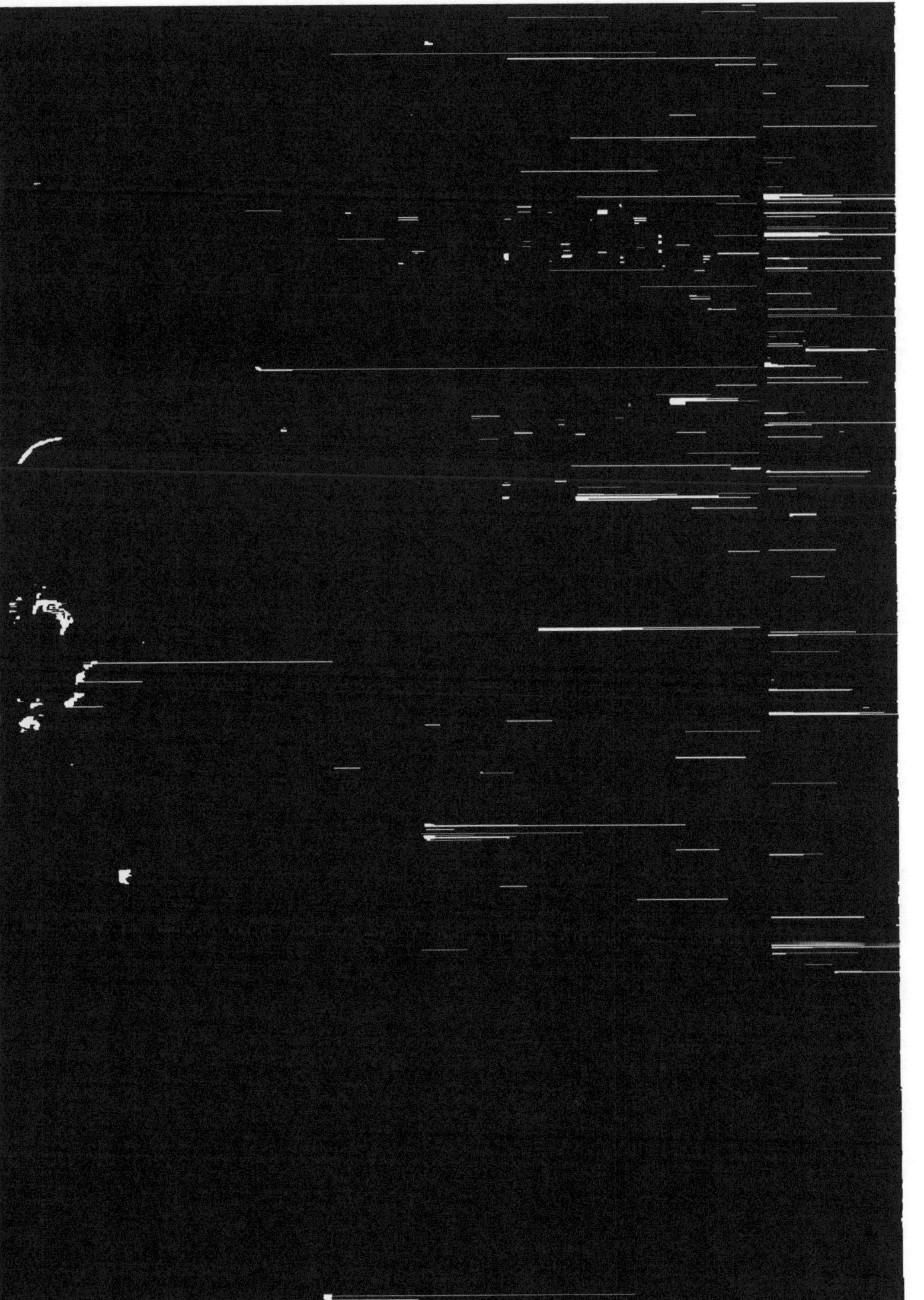

PETITE

HISTOIRE DE LA GUERRE

ENTRE

LA FRANCE ET LA PRUSSE

(Juillet 1870 — Mars 1871)

PAR

R. WATARI

JAPONAIS

Étudiant

A PARIS

(France)

PARIS

TYPOGRAPHIE LAHURE

RUE DE FLEURUS, 9

Aussitôt après mon arrivée à Paris, la guerre entre la France et la Prusse éclata définitivement ; j'y restai cependant tout le temps de la guerre, même quand cette ville était en état de siége, et sans aucune communication avec le reste de la France.

Cette capitale étant bientôt investie par l'armée ennemie, je ne pouvais alors connaître qu'imparfaitement ce qui se passait au dehors ; aussi n'ai-je pas la prétention d'écrire une histoire de ces événements.

Espérant, cependant, qu'une note sur ces faits que j'ai vus aurait un peu d'intérêt pour mes amis du Niphon, j'envoie mon petit cahier.

Paris, mai 1871.

R. WATARI.

HISTOIRE DE LA GUERRE

La guerre entre la France et la Prusse a pour cause ce qui suit :

Le trône d'Espagne était vacant depuis 2 ans, que la reine Isabelle en avait été chassée; la république provisoire y avait été établie par le général Prim, etc., etc.

Après cela les populations de l'Espagne voulurent rétablir la royauté, et les candidats ne manquèrent pas, il s'en présenta de tous les pays de l'Europe.

Le duc de Hohenzollern, neveu du roi de Prusse, fut un des candidats et pouvait être agréé par les populations, d'après les intrigues et les arrangements convenus secrètement

entre le comte de Bismark et le général Prim.

Dans ces circonstances, l'empereur
des Français s'opposa à un arrange-
ment qui eût été préjudiciable aux
intérêts de la France, et Napoléon III
eut assez d'autorité pour le faire
annuler.

Le candidat prussien renonça
donc au trône d'Espagne et il n'en
fut plus question.

Le différend paraissait terminé;
mais l'Empereur qui cherchait depuis longtemps les motifs d'une
guerre pour se venger de la Prusse
qui agrandissait de jour en jour son
territoire, depuis sa victoire sur
l'Autriche en 1866, envoya un ambassadeur au roi de Prusse, pour
lui demander l'assurance qu'aucun
membre de la famille royale de
Prusse ne monterait sur le trône
d'Espagne.

Toutefois le roi de Prusse ne voulut pas le promettre ; il refusa même de recevoir l'ambassadeur français : de là, la guerre que la Prusse désirait autant que la France et à laquelle elle était bien préparée.

(14 juillet 1870.)

C'est dans ces circonstances qui venaient d'être connues à Paris, qu'au Corps législatif où tous les ministres se trouvaient, un d'entre eux demanda au maréchal Le Bœuf, ministre de la guerre, si l'armée de la France était prête, pour faire une campagne au moins de quelques mois ; le ministre de la guerre répondit :

« La France n'aura jamais besoin
« d'acheter un bouton de guêtre
« pour l'armée, quoique la guerre
« durât pendant 2 ans. »

La France s'abusant extrêmement

sur la force et l'organisation de son armée, croyait, bien à tort, qu'elle ne pouvait être vaincue par aucune puissance de l'Europe.

Le nombre des soldats qui partaient tous les jours de Paris, par les chemins de fer, depuis le 14 jusqu'à la fin de juillet, était incalculable ; on dit qu'il en partit alors environ trois cent mille, pour former trois armées.

Ces nombreux soldats étaient dirigés sur la frontière où ils campèrent quelques jours en attendant l'Empereur et le matériel.

Le nombre des canons et mitrailleuses[1] était aussi très-considérable ; et les fusils que portaient les soldats, étaient tous des chassepots, les meil-

1. Les dernières sont des pièces d'artillerie modernes curieuses.

C'est une réunion de 12 jusqu'à 37 canons, vomissant de la mitraille et se chargeant par la culasse.

leurs du monde comme chacun le sait.

L'empereur Napoléon III ayant quitté Paris le 28 juillet, se dirigea immédiatement vers l'armée campée dans les environs de Metz où il ne resta que deux semaines, pour diriger tous les divers corps.

L'Empereur quitta Paris, laissant l'Impératrice régente et présidant le conseil des ministres ainsi composé :

ÉMILE OLLIVIER, garde des sceaux, ministre de la justice et des cultes, chef du cabinet.

DUC DE GRAMONT, ministre des affaires étrangères.

CHEVANDIER DE VALDROME, ministre de l'intérieur.

SÉGRIS, ministre des finances.

GÉNÉRAL VICOMTE DÉJEAN, ministre de la guerre par intérim.

LOUVET, ministre de l'agriculture et du commerce.

Amiral Rigault de Genouilly, ministre de la marine et des colonies.

Plichon, ministre des travaux pu-
plics.

Mége, ministre de l'instruction
publique.

Maurice Richard, ministre des
lettres, sciences et beaux-arts.

Parieu, présidant le conseil d'État.
ministre sans portefeuille.

Pendant ce temps-là, il y avait
dans Paris, tous les soirs, de nombreux groupes qui, pour écouter
tout ce qui se disait dans la circonstance actuelle, occupaient toutes
les rues, surtout les boulevards,
tellement qu'aucune voiture ne pouvait passer, à moins que la rue ne
fût ouverte par l'autorité des ser-
gents de ville.

Il y avait aussi un grand nombre
de jeunes gens qui, précédés du
drapeau national, parcouraient les

boulevards, en chantant la Marseillaise [1], avec enthousiasme, et on entendait çà et là des cris de : vive la France ! vive l'Empereur ! à bas la Prusse !

On croyait probablement alors que l'armée française vaincrait celle de l'Allemagne, aussitôt qu'on aurait commencé à se battre ; que la guerre ne durerait à peine que quelques jours, et qu'elle finirait, peut-être, vers la fin d'août.

Il y avait même, dit-on, des marchands qui pariaient entre eux certaines sommes d'argent , que la guerre se terminerait au 15 août.

Le premier engagement des troupes prussiennes et françaises eut lieu pendant deux heures, le matin du 2 août, à Sarrbruck, où un certain nombre de soldats furent mis hors de combat.

1. La *Marseillaise* est un chant national.

La deuxième fois, l'armée prussienne attaqua l'armée française, avec des forces supérieures, le matin du 6 août ; les forces des deux côtés étaient très-considérables ; la bataille fut terrible et dura une grande partie de la journée.

Dans cette bataille, l'armée française fut vaincue ; elle se retira en bon ordre et les Prussiens la poursuivirent jusque sur son territoire.

Les pertes des deux armées étaient très-considérables ; on n'est pas sûr du nombre des morts et des blessés.

Quant à la France, elle perdit le brave général A. Douay, qui était chef de l'armée d'avant-garde : il fut tué, dit-on, à la tête des troupes par un éclat d'obus.

Les nombreuses dépêches que l'on reçut émurent un instant Paris, et lui montrèrent que les précautions militaires avaient été mal prises et

ue les Prussiens étaient plus nom-
reux et mieux organisés que l'ar-
née française.

La France était sous la régence de
Impératrice, nommée régente par
Empereur, pour le temps que ce-
ii-ci serait à l'armée.

Le ministère Ollivier donna sa
émission, qui fut acceptée par l'Im-
ératrice régente, et le 10 août, un
ouveau cabinet nommé par l'Impé-
atrice se composait ainsi :

Comte de Palikao, ministre de la
uerre.

Chevreau, ministre de l'intérieur.

Magne, ministre des finances.

Grandperret, ministre de la jus-
ice.

Duvernois, ministre de l'agricul-
ure et du commerce.

Rigault de Genouilly, ministre
le la marine.

Jérome David, ministre des tra-
aux publics.

La Tour d'Auvergne, ministre des affaires étrangères.

Brame, ministre de l'instruction publique.

Busson-Billaut, ministre présidant le conseil d'État.

Le ministre des beaux-arts fut supprimé.

L'armée prussienne avait toujours la victoire sur l'armée française qui, moins nombreuse, fut forcée de se retirer peu à peu en arrière, et bientôt on apprit que l'Empereur avait quitté Metz pour se retirer à Verdun, puis au camp de Châlons, ensuite dans la ville de Sedan, où il fut plus tard fait prisonnier.

Napoléon quitta Metz avec le prince impérial, à deux heures du matin, le 14 août, et il se rendit à Verdun;

vant de quitter Metz, il adressa la
roclamation suivante aux habi-
ants :

« En vous quittant pour aller
combattre l'invasion, je confie à
votre patriotisme la défense de
cette grande cité.

« Vous ne permettrez pas que
l'étranger s'empare de ce boule-
vard de la France et vous rivalise-
rez de dévouement et de courage
avec l'armée.

« Je conserverai le souvenir re-
connaissant de l'accueil que j'ai
trouvé dans vos murs, et j'espère
que dans des temps plus heureux
je pourrai revenir vous remercier
de votre noble conduite.

« NAPOLÉON. »

Metz, le 14 août 1870.

L'armée française était principalement commandée par deux maréchaux, Bazaine et Mac-Mahon, sous le commandement en chef de l'Empereur ; ces maréchaux divisèrent leur armée en deux grands corps qui devaient opérer simultanément, l'un à gauche, l'autre à droite.

L'Empereur quitta Verdun le 16 août, et il se rendit au camp de Châlons où il campa avec 170 000 hommes, savoir :

30 000 commandés par maréchal Mac-Mahon ;

40 000 commandés par général Failly ;

30 000 commandés par général Félix Douai ;

70 000 commandés par général Vinoy.

Dans un conseil présidé par l'Empereur avant son départ du camp de Châlons, le général Trochu fut nommé gouverneur de Paris.

En entrant dans Paris, le général adressa les proclamations suivantes :

1° A la garde nationale de Paris,
A la garde nationale mobile,
Aux troupes de terre et de mer de l'armée de Paris,
A tous les défenseurs de la capitale en état de siége.

Au milieu d'événements de la plus haute gravité, j'ai été nommé gouverneur de Paris et commandant en chef des forces réunies pour sa défense.

L'honneur est grand; le péril pour moi l'est aussi; mais je me fie en

vous du soin de relever, par d'éner-
giques efforts de patriotisme, la
fortune de nos armées, si Paris ve-
nait à subir les épreuves d'un
siége.

Jamais plus magnifique occasion
ne s'offrit à vous de montrer au
monde qu'une longue suite de pros-
pérités et de jouissances n'a pu
amollir les mœurs publiques et la
virilité du pays.

Vous avez sous les yeux le glorieux
exemple de l'armée du Rhin. Elle a
combattu un contre trois dans des
luttes héroïques, qui font l'admi-
ration du pays et le pénètrent de gra-
titude.

Elle porte devant vous le deuil de
ceux qui sont morts.

2° Aux soldats de l'armée de
Paris :

Ma vie entière s'est écoulée au
milieu de vous dans une étroite so-
lidarité, où je puise aujourd'hui
mon espoir et ma force.

Je n'en appelle pas à votre courage et votre constance qui me sont
bien connus ; mais montrez, par l'o-
béissance, par une vigoureuse dis-
cipline, par la dignité de votre conduite et de votre attitude devant la
population, que vous avez le senti-
ment profond de la responsabilité
qui pèsent sur vous.

Soyez l'exemple et soyez l'encou-
ragement de tous.

La présente proclamation sera
mise à l'ordre du jour par les chefs
du corps.

Cet ordre sera lu à deux appels

consécutifs, à la troupe assemblée sous les armes.

Au quartier général, à Paris,

Le 19 août 1870,

Le gouverneur de Paris.

Général Trochu.

———

Le général Trochu, qui fut nommé gouverneur de Paris, et chargé de la défense de cette capitale, y entra, et aussitôt toutes les fortifications de Paris furent bientôt mises dans un état complet de défense.

Le 22 août, l'Empereur quitta le camp de Châlons, où les Prussiens pénétrèrent avec des forces considérables, et puis il se jeta auprès de

Sedan où l'on se battit pendant plusieurs jours.

Metz, où le maréchal Bazaine entra avec son armée de 200 000 hommes environ, fut assiégé le 18 août par les Prussiens, ayant à leur tête le prince royal de Prusse.

D'un autre côté, le maréchal Mac-Mahon, qui se battit très-souvent contre les Prussiens, fut blessé très-grièvement auprès de Sedan, et dans les premiers jours de septembre.

Sedan, où l'Empereur entra avec 150 000 hommes environ, fut assiégé ; cette ville fut attaquée terriblement pendant 3 jours, et fut obligée de capituler, après un bombardement terrible, car, pendant toute la journée du 3 septembre, les obus au nombre de 5 à 6000 furent lancés continuellement sur tous les points de la ville presque détruite.

L'Empereur n'ayant aucune résistance à faire envoya un parlementaire au quartier général des Prussiens, et il écrivit lui-même au roi Guillaume :

« Que n'ayant pu mourir à la tête de son armée, il rendait son épée. »

Par conséquent, il fut fait prisonnier avec 84 433 hommes, 535 canons, 70 mitrailleuses et 12.000 chevaux (3 septembre).
Sedan fut donc au pouvoir des Prussiens, et les prisonniers furent conduits jusqu'en Allemagne.

Par plusieurs dépêches qui annoncèrent cette circonstance, Paris fut consterné un moment et la France fut érigée en république ; un gouvernement provisoire qui prit le nom de gouvernement de la défense nationale s'empara du pouvoir.
En même temps, les membres du gouvernement impérial furent rem-

placés tous à la fois par 11 membres nouveaux ; savoir :

Général Trochu, président du conseil et gouverneur chargé de la défense de Paris.

Jules Favre, vice-président du conseil et ministre des affaires étrangères.

Léon Gambetta, ministre de l'intérieur.

Ernest Picard, ministre des finances.

Jules Simon, ministre de l'instruction publique.

Crémieux, ministre de la justice.

Général Le Flô, ministre de la guerre.

Amiral Fourichon, ministre de la marine et des colonies.

Magnin, ministre de l'agriculture et du commerce.

Dorian, ministre des travaux publics.

Glais-Bizoin, Rochefort, membres sans portefeuilles.
Emmanuel Arago, maire de Paris.
Kératry, préfet de police.

———

Aussitôt la république fut proclamée partout, disait-on, avec enthousiasme, et l'empire tomba honteusement. L'Impératrice s'en alla, quittant le palais des Tuileries dans une petite voiture de place, accompagnée seulement d'un officier et d'une dame de sa maison.

Pour la défense de la capitale, un grand nombre de gardes nationaux s'organisèrent dans Paris, et ces gardes nationaux furent occupés sur toutes les fortifications à les armer pour la défense.

Alors le ministre des affaires étrangères désirant faire cesser la guerre se rendit au camp du roi de Prusse, à Ferrières, et demanda une audience du comte de Bismark.

« La Prusse, lui dit-il, en entrant sur le territoire français, a proclamé sa volonté de faire la guerre à la dynastie napoléonienne, et non à la nation française.

« Napoléon est tombé, et je viens vous demander la paix pour la France, au nom de l'humanité et de vos promesses. »

Après quelques pourparlers, le comte de Bismark demanda pour conditions de la paix, la cession de l'Alsace et de la Lorraine avec une indemnité de guerre de cinq milliards.

Jules Favre, certain qu'il ne ferait pas accepter ces conditions à ses collègues et à la France, répondit au chancelier fédéral ces paroles mémorables :

« Ni un pouce de notre territoire ni une pierre de nos forteresses. »

Il revint à Paris, et l'on redoubla d'activité et de courage pour rendre la ville inaccessible à l'armée allemande.

Un jour, une revue des gardes nationaux fut faite par le gouvernement de Paris et les autres membres du gouvernement; alors les gardes nationaux se disposèrent en deux lignes, sur tous les boulevards, depuis la place de la Bastille jusqu'aux Champs-Élysées, et le général passa devant elles.

Le nombre des gardes nationaux était incalculable : on le disait alors de plus de 300 000 hommes; une foule innombrable se pressait sur le passage du général, accompagné d'un brillant état-major, et criait : vive Trochu ! vive la France ! à bas la Prusse ! Partout l'enthousiasme était extrême.

Les Prussiens qui pénétraient, tous les jours de plus en plus nombreux, sur le territoire de la France, avancèrent jusqu'aux environs de Paris, qui alors commença à être assiégé : le 18 septembre, toutes les portes des fortifications furent occupées par les gardes nationaux. Elles ne furent ouvertes que pendant le jour, et il fut défendu d'y passer pour entrer ou pour sortir, à moins qu'on n'eût une permission spéciale du gouvernement.

Avant l'investissement complet de Paris, le gouvernement avait décidé que 3 de ses membres iraient s'établir à Tours avec le corps diplomatique pour rester en rapport avec les puissances étrangères et les provinces de France.

Ces trois ministres, Crémieux, Glais-Bizoin et l'amiral Fourichon, quittèrent Paris le 14 septembre, et ils installèrent à Tours, sous le nom de délégation, une espèce de cabinet chargé de diriger la résistance en province, d'organiser des armées, de les envoyer au secours de Paris, et de se tenir en rapports continuels avec les cabinets de l'Europe.

La province était mécontente de la révolution que Paris avait faite à son profit, puisque pas un seul député des départements ne faisait partie du gouvernement.

Quoique ne faisant pas d'opposition à ce gouvernement, les populations de l'ouest et du midi de la France étaient peu disposées à venir au secours de Paris; elles paraissaient ne pas comprendre que sauver Paris c'était sauver la France; alors, Gambetta, le ministre de l'intérieur, homme jeune, ardent et passionné pour la république, fut chargé d'aller à Tours pour diriger les efforts de la délégation.

Il quitta Paris en ballon, et il ateignit son but, en passant au-dessus des lignes prussiennes.

Après trois jours, une dépêche que Gambetta envoya de Tours fut apportée par un des pigeons messagers qui avaient été chargés dans le ballon de ce ministre.

Les dépêches de Gambetta, qui annonçaient la brillante défense de Strasbourg et faisaient espérer la délivrance de cette importante place forte, produisaient une très-grande sensation à Paris; l'enthousiasme était extrême et les bataillons de la garde nationale parcouraient en armes, les rues, les boulevards, et se rendaient à la place de la Concorde où il y avait chaque jour des manifestations en l'honneur de la ville de Strasbourg qui résistait aux Prussiens avec un héroïsme admirable.

Un jour, il arriva à Paris une triste nouvelle : Strasbourg avait succombé le 30 septembre, après un siége de 50 jours environ, malgré les courageux efforts du brave général Uhrick et de la garnison ; les habitants avaient aussi aidé à la défendre jusqu'au dernier moment.

La ville de Toul capitula en même temps et les deux villes furent occupées par les Prussiens.

Cette nouvelle produisit une grande consternation, mais ne fit qu'augmenter le courage des Parisiens qui criaient vengeance, et qui se rendaient en foule au pied de la statue de la ville héroïque que l'on couvrait de couronnes d'immortelles.

L'armée prussienne qui campait

ıx environs de Paris se divisait en
corps d'armée et en 18 positions
ıtour de cette capitale qui fut as-
égée avec tant de rigueur, que ni
ı wagon ni une voiture ne pouvait
lus entrer ou sortir d'aucun côté;
: on ne recevait du dehors que des
ouvelles vagues et contradictoires.
Mais on espérait toujours que
armée de Bazaine campée sous les
ıurs de Metz finirait par forcer les
gnes prussiennes qui l'envelop-
aient et viendrait au secours de
aris qui supportait cet état de
ége avec un courage et une rési-
nation remarquables.
Thiers, le seul homme d'État
ui inspirât confiance aux cabinets
e l'Europe, et qui ne faisait pas
artie du gouvernement, quoiqu'il
ıt député de Paris, se chargea de
ıire une démarche auprès des
uatre grandes puissances, la Rus-
ie, l'Angleterre, l'Autriche et l'Ita-

lie, afin de savoir quelles étaient leurs dispositions à l'égard de la France.

A son retour, Metz avait capitulé, et ce fut Thiers lui-même qui apporta, de Versailles, cette fatale nouvelle à Paris.

Metz avait été défendu courageusement, pendant 70 jours, par une armée de 200 000 hommes contre des forces prussiennes bien supérieures, surtout depuis la reddition de Strasbourg.

Le maréchal Bazaine qui commandait en chef fut obligé de livrer la place le 27 octobre, parce qu'il n'y avait plus ni munitions ni vivres ; alors toute la garnison, trois maréchaux, Bazaine, Le Bœuf et Canrobert, 50 généraux, 6000 officiers de tous grades et 173 000 soldats furent faits prisonniers.

Metz fut alors occupé par les Prussiens qui laissèrent une garnison de 20 000 hommes dans cette riche cité, où ils trouvèrent 441 canons, 100 mitrailleuses et un matériel considérable ; le reste de leurs troupes vint renforcer l'armée qui assiégeait Paris.

Au moment où l'on reçut cette nouvelle de Metz, Paris en fut très-affecté, mais ne se laissa pas aller au désespoir, comme les Prussiens l'espéraient ; cependant toute l'attention de cette capitale s'était portée principalement sur Metz, depuis la capitulation de Strasbourg, jusqu'à ce moment-là, parce qu'elle en attendait une armée de secours.

Le grand parti des révolutionnaires voulut profiter du mécontentement général pour renverser les hommes du gouvernement de la défense nationale qu'on accusait de manquer d'énergie et de ne pas être assez dévoués à la république démocratique.

Le 31 octobre, pendant que Thiers faisait des démarches pour obtenir un armistice proposé au roi de Prusse par les quatre grandes puissances, plusieurs bataillons de gardes nationaux en armes descendaient des quartiers de Montmartre et de Belleville pour s'emparer de l'hôtel de ville, où siégeait le gouvernement de la défense nationale ; ils pénétrèrent dans la salle des séances et s'emparèrent de quelques membres, au nombre desquels se trouvait le président, qu'ils gardèrent quelque temps prisonniers.

Cependant l'ordre fut bientôt rétabli, et cette tentative de révolution aussi blâmable que mal dirigée par des chefs inconnus, échoua complétement ; mais elle eut peut-être une grande influence sur le succès des négociations de l'armistice.

La nouvelle en parvint à Versailles pendant que l'on discutait les conditions d'une suspension d'armes qui devait permettre à la France d'élire une assemblée chargée de régulariser le gouvernement et d'arriver à la conclusion de la paix.

Le comte de Bismark, qui avait toujours compté sur les dissensions des Parisiens pour s'emparer de la ville, se montra alors plus difficile qu'avant.

Les conditions trop dures proposées par la Prusse furent refusées par la France ; ainsi, Paris organisa de nouveau son armée pour se défendre jusqu'au dernier moment, espérant toujours un secours des armées que Gambetta formait dans l'ouest.

Dans les premiers jours de novembre, on comptait les prisonniers français déjà envoyés en Allemagne jusqu'à ce jour-là ; le nombre s'élevait à 373 144 hommes, savoir : 4 maréchaux, 140 généraux, 10 000 officiers et 363 000 soldats ou gardes mobiles ; enfin l'empereur Napoléon III lui-même avait été envoyé, comme prisonnier, dans un château en Allemagne.

L'alimentation de Paris devenait de plus en plus difficile ; avant le siége, le gouvernement de la France avait fait entrer dans la capitale 40 000 bœufs et 300 000 moutons et une grande quantité de denrées de toutes sortes pour assurer le plus longtemps possible la nourriture de Paris.

Après deux mois, il ne restait plus guère de viande fraîche, et alors le gouvernement commença à distribuer aux habitants des viandes salées qui avaient été conservées auparavant et surtout de la viande de cheval, mais en très-petite quantité[1].

---

1. 33 grammes par jour, par chaque personne.

Il y eut alors dans Paris quelques boucheries qui vendaient de la viande de chien, de chat et des rats, et on manqua de beaucoup de choses nécessaires, surtout du charbon de terre dont on a principalement besoin, et duquel on tire le gaz d'éclairage, une des principales choses pour Paris.

Le gaz pour l'éclairage des maisons fut supprimé ; on s'en servit seulement dans les rues de la ville, en diminuant le nombre des becs et en abaissant la hauteur de la flamme.

Après quelques jours, on vit le gaz remplacé par des lampes à pétrole pour éclairer les rues ; car il n'y avait plus de gaz ; les charbons avaient été tous réquisitionnés pour fondre des canons.

Toutes les rues étaient très-solitaires pendant la nuit, d'autant plus que les lumières de chaque maison étaient diminuées ; mais cependant, dans ce moment-là, on trouvait presque partout, de chaque côté de la rue, beaucoup de petites boutiques éclairées par de simples lanternes, où on vendait plusieurs marchandises très-diverses, mais de peu de valeur.

La première sortie des gardes nationaux, sous le commandement du gouverneur de Paris, eut lieu le 29 novembre et la bataille dura jusqu'au premier jour de décembre.

Les Français obtinrent d'abord l'avantage ; mais les Prussiens revinrent ensuite en si grand nombre qu'ils furent obligés de se replier ; ce qu'ils firent en bon ordre et sans être inquiétés par l'armée allemande.

Dans cette bataille, les pertes des deux côtés furent considérables ; quant à la France, on disait alors qu'elle avait presque 5000 hommes mis hors de combat ; les pertes des Prussiens étaient aussi grandes.

Le bombardement de Paris et des forts des environs avait été commencé le 27 décembre, par les gros canons Krupp des Prussiens, qui avaient été placés sur leurs redoutes ou travaux en terre, établis aux environs de Paris sur les hauteurs qui dominent les quartiers de la rive gauche de la Seine.

Alors le plateau d'Avron, sur lequel les Prussiens avaient continué à lancer beaucoup d'obus pendant quelques jours, avait été abandonné par les Français; les Prussiens s'y établirent; mais ils ne purent s'y maintenir sous le feu des forts, et la position resta neutre.

Les gros canons Krupp sont de 223 millimètres de diamètre, et chaque pièce pesant 25 000 kilogrammes au moins, ne peut pas changer de position pendant le combat.

Les obus de ces gros canons formidables ont la forme d'un cylindre ogival dont la longueur est de 55 centimètres, le diamètre de 85 millimètres et le poids de 142 kilogrammes.

Enfin leur vitesse initiale est 420 mètres par seconde, et chaque canon peut tirer 150 coups dans 24 heures, soit 6 coups par heure au moins.

Ces projectiles terribles, qui peuvent atteindre à 10 kilomètres, avaient été lancés sans résultat sur les forts et dans la ville de Paris ; on disait qu'au moins 25 000 avaient été lancés, depuis le 27 décembre jusqu'au soir du 1er janvier, sur les forts du sud et de l'ouest.

Les Prussiens avaient continué à tirer sans cesse le jour et la nuit sur les forts et surtout sur les quartiers au sud-ouest de Paris, et ils avaient fait beaucoup de victimes ; on comptait beaucoup de morts et beaucoup de blessés, parmi les femmes et les enfants atteints par les éclats d'obus, les uns dans la rue et les autres dans les maisons.

Beaucoup de projectiles sont tombés nuit et jour dans les quartiers situés sous le feu des Prussiens, et les habitants avaient fui ou s'étaient réfugiés dans les caves.

Un grand nombre d'édifices, d'établissements publics, d'hôpitaux, de maisons particulières ont été détruits ou incendiés par les projectiles ; les ambulances mêmes, où beaucoup de malades ont été tués ou blessés, n'étaient pas épargnées.

On apprit un jour avec chagrin qu'une école de la rue de Vaugirard avait eu cinq enfants tués et cinq blessés par un seul projectile ; le lendemain matin leurs obsèques ont eu lieu à la fois à l'église Saint-Sulpice ; les assistants étaient très-nombreux et avaient pour la plupart les larmes aux yeux, tous donnaient des marques de sympathie pour ces jeunes victimes (12 janvier).

Le bombardement de Paris avait continué toujours, spécialement contre tous les forts de la rive gauche, où l'on avait eu chaque jour un certain nombre de morts et de blessés.

On manquait dans Paris de toute nourriture, à cause de la longue durée du siége, surtout de pain : il avait été rationné, à partir du 17 janvier, à raison de 300 grammes par tête, et 150 grammes pour les enfants.

Ce fut à ce moment que l'on éprouva les plus grandes privations, car bientôt le pain, d'ordinaire très-bon à Paris, devint d'une si mauvaise qualité que les chiens et les volailles refusaient d'en manger.

Pour les malheureux qui n'avaient que 300 grammes de ce mauvais pain et 33 grammes de viande de

heval, ils étaient bien à plaindre, et
eaucoup de vieillards et d'enfants
taient morts par suite de cette
nauvaise nourriture.

Paris était admirable de résigna-
ion et de courage, et les femmes
lles-mêmes ne se plaignaient pas,
t les hommes demandaient souvent
marcher à l'ennemi. Enfin le 18
nvier on fit une sortie, et un en-
agement de l'armée de Paris divi-
ée en trois corps eut lieu le lende-
nain 19, en avant du fort du
lont-Valérien ; l'action s'étendait
epuis Montretout à gauche, jus-
u'au ravin de Saint-Cloud à droite.

Ces trois corps d'armée comp-
aient plus de cent mille hommes,
vec une puissante artillerie.

Le général Vinoy avec l'aile gau-
he occupa Montretout, et à l'aile
roite le général Ducrot avait atta-
ué le plateau de la Bergerie; en-
n au centre le général Bellemar-

re s'était battu pendant plusieurs heures.

Le général Trochu, gouverneur de Paris, commandant en chef des armées, avait établi son quartier général dans le fort du Mont-Valérien, d'où il avait ordonné et suivi toutes les opérations de la bataille.

Le résultat fut le même qu'au 1er novembre : repoussés par des forces supérieures, les Français rentrèrent découragés; ils avaient éprouvé des pertes nombreuses et cruelles, et il fut décidé par le général en chef qu'on enverrait un parlementaire d'urgence pour demander un armistice de deux jours, afin de permettre l'enlèvement des blessés et l'enterrement des morts; mais les Prussiens refusèrent; il paraît qu'il y avait beaucoup de pertes positivement de tous les côtés, mais cependant elles n'étaient pas connues exactement.

Au 21 du même mois, le titre et les fonctions de gouverneur de Paris étaient supprimés ; le général Trochu conserva la présidence du gouvernement de la défense nationale et le général Vinoy fut nommé commandant en chef de l'armée de Paris.

Le lendemain quelques arrondissements de Paris essayaient de nouveau de faire du désordre intérieur contre le gouvernement, et l'hôtel de ville était attaqué inopinément par les gardes nationaux de ces arrondissements.

Quelques coups de fusil furent tirés dans les fenêtres ; il y eut quelques blessés et quelques morts ; en même temps, la troupe qui occupait cet hôtel voulant réprimer le désordre, avait voulu tirer quelques coups de fusil sur les gardes nationaux fauteurs de l'émeute et il y avait beaucoup de blessés.

Ce désordre blâmable avait été bientôt réprimé ; après cela, un certain nombre de gardes nationaux avaient été arrêtés par l'autorité militaire pour être jugés par un conseil de guerre.

La résistance de la capitale devenait impossible ; il n'y avait plus de pain, plus de viande dans Paris ; les armées organisées par Gambetta et que l'on attendait depuis si longtemps, n'existaient pas, ou avaient été détruites par l'armée du prince Frédéric-Charles qui, après la capitulation de Metz, était venu rejoindre le roi Guillaume, puis s'en était séparé pour marcher vers l'ouest.

Il avait été si heureux dans ses opérations, que la délégation du gouvernement, ne se trouvant plus en sûreté à Tours, se transporta le 14 décembre dans la ville de Bordeaux.

Frédéric-Charles entra bientôt dans

ours, et continua sa marche vic-
rieuse et hardie vers les départe-
ents de l'Ouest; il fallait absolu-
ent faire la paix, quelque dures
u'en puissent être les conditions.

Le ministre des affaires étran-
ères se rendit de nouveau à Ver-
ailles pour entamer de nouvelles
égociations.

Un armistice de trois semaines,
récurseur de la paix, fut convenu
partir du 28 janvier, et les conven-
ions en quinze articles avaient été
rrêtées à Versailles, entre le comte
e Bismark, chancelier fédéral de
Allemagne du Nord, et Jules Favre,
ministre des affaires étrangères de
a France.

Le lendemain les Prussiens occu-
aient tous les forts des environs
e Paris, d'où l'armée française était
bligée de se retirer dans Paris,
omme prisonnière de guerre.

La garnison de Paris était obligée

de déposer les armes qui devaient être remises aux Prussiens ; les gardes nationaux et douze mille soldats conservèrent leurs armes, ils étaient chargés de garder la ville de Paris et d'y maintenir l'ordre.

Chaque officier, quel que fût son grade et quoique considéré comme prisonnier de guerre, fut autorisé à garder son épée.

Il fut convenu avec l'autorité militaire de l'Allemagne, que les habitants de Paris pouvaient partir de cette capitale en traversant les lignes des Prussiens, s'ils voulaient voyager ; mais cependant les voyageurs devaient être munis d'un laissez-passer délivré pas le préfet de police à Paris, et visé par l'autorité militaire allemande.

En même temps, il était permis par les Prussiens d'envoyer et de recevoir des lettres non cachetées.

Aussitôt que l'armistice fut défi-

itivement réglé, toutes les com-
nunications de chemin de fer fu-
ent rétablies presque partout pour
lire le ravitaillement de Paris (3 fé-
rier).

Le 5 février on vota dans la France
out entière, pour élire une assem-
lée nationale composée de sept
ent cinquante-cinq députés qui de-
aient se réunir à Bordeaux le 8 fé-
rier, et dont la mission principale
tait de faire la paix et de réorgani-
er les services publics.

Paris devait élire quarante-trois
éputés; il les choisit pour la plu-
art dans le parti républicain avancé.

Il fut nécessaire de prolonger l'ar-
nistice; mais les Prussiens impo-
èrent encore de nouvelles condi-
ions, entre autres l'évacuation de
a place de Belfort et l'entrée à Pa-
is d'un de leurs corps d'armée; les
égociateurs français combattaient
ette prétention du roi de Prusse;

enfin après quelques explications, il fut décidé qu'un corps de 30 000 hommes pris spécialement dans la garde royale de Prusse viendrait occuper le quartier des Champs-Élysées sur la rive droite, sans pouvoir s'avancer plus loin que la place de la Concorde.

L'Assemblée se constitua le 12 février et chargea Thiers d'établir un ministère dont il aurait la présidence avec le titre de chef du pouvoir exécutif de la République française.

Le cabinet immédiatement constitué était chargé de régler les conditions de la paix, et la Chambre nomma une commission de 15 de ses membres pour aider le chef de l'Etat dans cette importante circonstance.

Cette commission partit aussitôt pour Versailles avec le chef de l'Etat et Jules Favre qui, après la démission des membres du gouvernement le la défense nationale, resta chargé lu ministère des affaires étrangères.

Les négociations commencèrent le 26 février, les préliminaires de la paix en dix articles furent signés par A. Thiers, chef du pouvoir exécutif, et Jules Favre, ministre des affaires étrangères de la République française, d'une part; et par le comte de Bismark, chancelier fédéral de l'empire[1] d'Allemagne, d'autre part.

L'armistice fut prolongé jusqu'au 15 mars, afin de donner le temps à l'assemblée de Bordeaux de discuter les conditions de la paix, pour les accepter ou les refuser au nom de la France.

On ne connaissait dans Paris, que vaguement les conditions de la paix; mais on savait qu'elles devaient être

---

1. A la suite des succès de l'armée allemande en France, le roi de Prusse se fit nommer empereur d'Allemagne.

très-accablantes pour la France ; cependant l'ordre ne fut troublé par aucune manifestation ; seulement quelques bataillons de gardes nationaux s'emparèrent d'un certain nombre de canons, pour les soustraire, disaient-ils, à l'ennemi, et l'on craignit quelque temps qu'ils n'eussent l'intention de s'en servir au moment de l'entrée des Prussiens dans Paris ; cependant il n'en fut rien.

L'armée de l'Allemagne entra dans Paris à dix heures du matin, le 1er mars, et elle occupa les Champs-Elysées, où elle devait rester seulement jusqu'à l'acceptation des conditions de la paix par l'Assemblée nationale. Cette armée ne dépassa pas 30 000 hommes.

L'empereur d'Allemagne, le roi Guillaume pénétra, dit-on, incognito le même jour auprès de Vincennes avec son neveu Frédéric-Charles et son fils, le prince héréditaire de

Prusse, dans la même calèche, et le comte de Moltck suivait seul dans une autre voiture.

Le lendemain, un certain nombre d'officiers d'Allemagne entra dans les palais du Louvre et des Tuileries, sans armes et par groupes peu nombreux.

L'évacuation de l'armée des Allemands qui étaient entrés à Paris eut lieu le matin du 3 mars sans qu'il en restât un seul, parce que les conventions de la paix furent définitivement adoptées le 1er mars par l'Assemblée nationale, à Bordeaux, et le procès-verbal fut signifié le lendemain soir à l'empereur d'Allemagne, à Versailles.

Le traité définitif de la paix, signé le 26 février, se compose de 10 articles, dont les principaux sont :

1° L'Alsace et la Lorraine cédées

par la France à l'empire d'Allemagne ; 2° une indemnité de guerre de 5 milliards ; 3° les troupes allemandes (50 mille hommes) doivent rester sur le territoire de la France jusqu'à ce qu'on ait payé cette somme ; etc., etc.

La cession de l'Alsace et de la Lorraine faite par la France à l'Allemagne, en vertu des conventions du 26 février 1871, comprenait :

Le Bas-Rhin...........	588 970
Le Haut-Rhin................	520 285
La Moselle (Metz)...........	160 000
La Moselle (Sarreguemines)..	181 876
La Moselle (Thionville)......	84 000
La Meurthe (Sarrebourg).....	71 017
La Meurthe (Château-Salins).	60 626

Le total de ces habitants est de 1 616 778.

C'est donc un million six cent seize mille sept cent soixante-dix-huit habitants que la France perd.

DES PRISONNIERS

ET DU MATÉRIEL CAPTURÉS.

———

Les journaux prussiens publièrent le tableau suivant des trophées de l'armée confédérée dans la campagne de France.

Il fut capturé durant la campagne 59 aigles et 20 drapeaux, savoir :

A Wœrth, 2 aigles,
A Sedan, 2 aigles et 2 drapeaux,
A Toul, 1 aigle,

A Metz, 53 aigles et drapeaux,
A Dreux, 1 drapeau,
A Epuissy, 1 drapeau,
Devant le Mans, 2 drapeaux,
A Rocroy, 1 drapeau,
A Amiens, 2 drapeaux,
A Longpré, 3 drapeaux,
A Molineaux, 3 drapeaux,
A Danjoutin, 1 drapeau,
A Villersexel, 2 aigles,
A Langres et autour de Pontarlier,
    2 drapeaux,
Près de Belfort, 2 drapeaux.

Quant aux canons capturés, leur nombre s'élève à 5817 de tous les calibres, savoir :

A Sedan il fut pris 535 canons et 70 mitrailleuses.

A Toul. . . . . 197 —
A Strasbourg. . . . . 1070 —
A Metz. . . . . 541 —
A Thionville. . . . . 200 —
A Longwy. . . . . . . 200 —
A Paris . . . . 1959 —

et le reste dans les autres engage-
ments partiels des armées.

Il fut aussi capturé en plus 271
mitrailleuses.

———

Enfin le chiffre des prisonniers est
145 769 hommes.

Aux célèbres batailles de Thionville et de Gravelotte, il ne fut fait
respectivement que 2036 et 3000 prisonniers; pas un canon ne fut pris.

A Sedan.	84 433	prisonn.
A la bataille près de Sedan.	25 500	—
A Strasbourg . . .	17 000	—
A Metz.	173 000	—
Au Mans.	22 000	—
A Pontarlier. . . .	15 000	—
A Orléans et à St-Quentin, chaque fois.	10 000	—

Ce ne sont pas les seules batailles où il fut fait des prisonniers; mais dans les autres combats leur nombre fut moins grand.

Ainsi se termina cette sanglante lutte de deux grands peuples qui laissa la France ravagée, ruinée et mutilée.

On comptait alors en France le
arti républicain avancé, les répu-
licains modérés[1], et le parti mo-
archiste qui se partageait en trois
roupes : les bonapartistes, les légi-
mistes et les orléanistes[2].

Le parti républicain avancé n'ac-
eptait pas la paix qu'il trouvait dés-
onorante pour la France ; il voulait
a continuation de la guerre à ou-
ance.

Les républicains modérés et les

1. Les républicains avancés sont ceux qui
eulent le bouleversement de la société; les
épublicains modérés sont ceux qui veulent
e gouvernement républicain, mais le respect
es lois, de la religion et de la famille.

2. Les bonapartistes : ceux qui veulent le
tablissement de l'empire avec un Bonaparte
ar le trône.

Les légitimistes : ceux qui veulent le règne
es Bourbons de la branche aînée avec
enri V sur le trône.

Les orléanistes : ceux qui veulent pour roi
e comte de Paris, petit-fils de Louis-Philippe
ernier roi des Français.

monarchistes, plus sages, et appréciant mieux l'épuisement de la patrie et le besoin de la paix, acceptaient les conditions des vainqueurs, quoiqu'elles fussent écrasantes.

Ils avaient confiance dans les ressources de la France et voulaient l'ordre.

Peu à peu Paris fut abondamment approvisionné de vivres de toute sorte et des matières les plus nécessaires aux différentes industries qui faisaient sa gloire et sa prospérité ; les diverses branches du commerce, dont la capitale de la France est le centre et l'entrepôt général, reprenaient leur activité ordinaire ; les chemins de fer ne pouvaient suffire aux transports des marchandises de toute espèce, quand une nouvelle manifestation des gens de désordre vint troubler et inquiéter Paris (18 mars 1871).

Paris fut alors le théâtre de la

lus horrible guerre civile que l'on
uisse s'imaginer.

Je n'ai pas encore pu apprécier
outes les barbaries qui furent com-
ises par le gouvernement de la
ommune ou en son nom et tous les
étails du deuxième siége de la ca-
itale de la France ; j'espère cepen-
ant pouvoir, dans quelque temps,
ous en faire connaître les principaux
vénements.

ypographie Lahure, rue de Fleurus, 9, à Paris.